まちごとチャイナ

薊県と清東陵
Tianjin 004 Jixian

燕山山脈の麓に
残る「古城」

Asia City Guide Production

【白地図】天津市

CHINA
天津

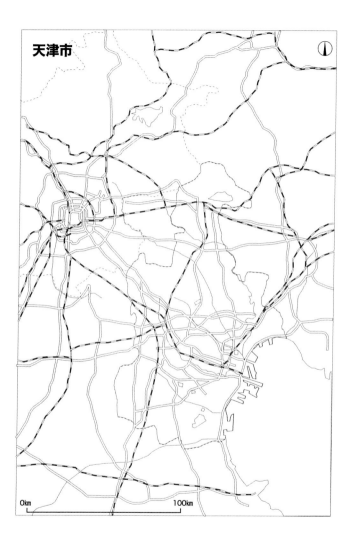

【白地図】薊県

CHINA
天津

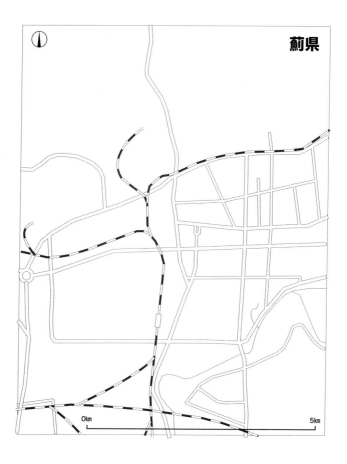

【白地図】薊県旧城

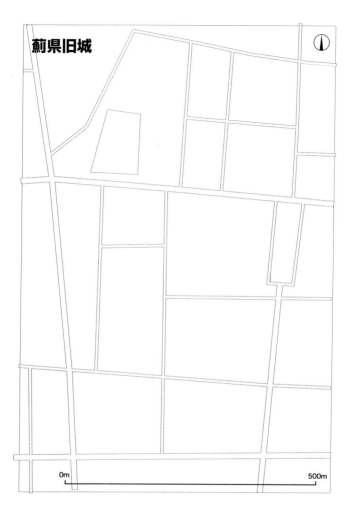

【白地図】独楽寺

CHINA
天津

独楽寺

Jixian

白地図

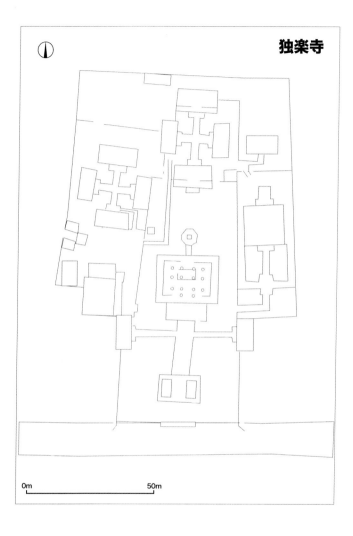

0m　　　50m

【白地図】薊県郊外

CHINA
天津

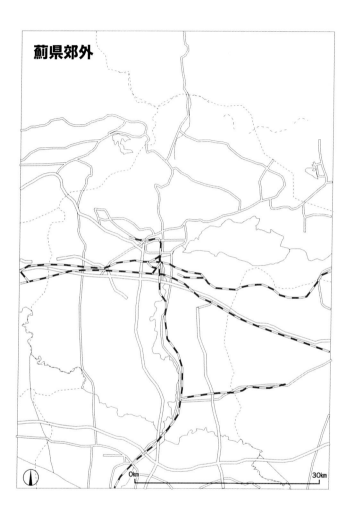

【白地図】黄崖関長城

CHINA
天津

【白地図】盤山風景名勝区

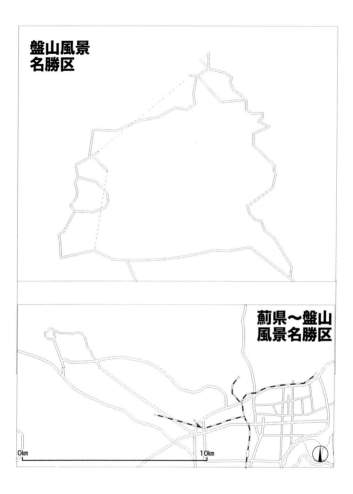

【白地図】清東陵

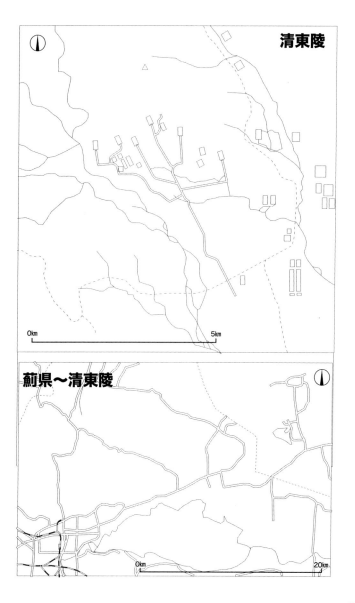

【まちごとチャイナ】
天津001 はじめての天津
天津002 天津市街
天津003 浜海新区と市街南部
天津004 薊県と清東陵

CHINA
天津

天津北部は津北と呼ばれ、天津市街や浜海新区とは異なる気候や雰囲気、街のたたずまいをしている。この津北の中心にあたるのが燕山山脈の南麓に位置する薊県で、この街は紀元前以来の伝統をもち、天津市に残る歴史遺構が集中している。

中国でもっとも古い木造建築のひとつ独楽寺や遼代の創建になる白塔寺が立ち、旧城の通りや胡同は明清時代の面影を今に伝えている。また薊県郊外には燕山山脈に沿うように走る万里の長城（黄崖関長城）、「京東第一山」とたたえられた

薊県と清東陵
Ji Xian
薊县 jì xiàn ジィイシェン

盤山風景名勝区も残っている。

　北京、天津市街、河北省のはざまにあたるところから薊県は所属する行政区が何度も変わり、1973年から天津市の管轄となった（また薊県西には、飛び地となっている河北省の廊坊市が位置する）。薊県の東30kmに位置し、乾隆帝や西太后の眠る清東陵（河北省遵化県）への足がかりにもなる。

【まちごとチャイナ】

天津 004 薊県と清東陵

目次

薊県と清東陵 …………………………………………… xviii

天津北部に息づく伝統 …………………………………… xxiv

薊県城市案内 …………………………………………… xxx

薊県郊外城市案内 ……………………………………… xlviii

皇帝が眠る金色の大地 …………………………………… lvii

清東陵鑑賞案内 ………………………………………… lxii

清東陵と中国皇帝陵の世界 …………………………… lxxvi

【MEMO】

【地図】天津市

【地図】天津市の [★★★]
- [ ] 清東陵 清东陵 チンドンリン

【地図】天津市の [★★☆]
- [ ] 薊県旧城 蓟县旧城 ジィイシェンジィウチャン
- [ ] 黄崖関長城 黄崖关长城 ファンヤァガンチャァンチャン

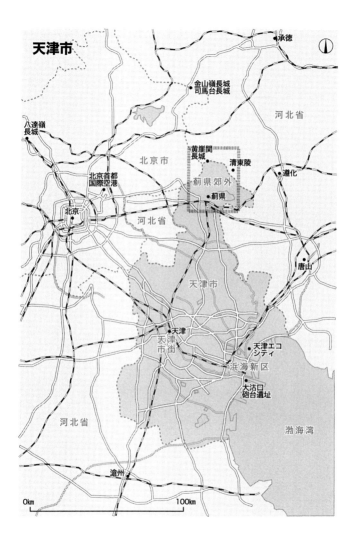

天津北部に息づく伝統

CHINA
天津

天津北部に位置する薊県は
陸の孤島のように独立した街の性格をもってきた
それゆえ他の街では失われた伝統や遺構が残る

津北の世界

天津市は南北に長く広がり、渤海湾にのぞむ浜海新区から北は燕山山脈にいたり、ちょうど北辺を万里の長城が走る。天津は北京や上海とともに直轄市として知られるが、市街部と浜海新区をのぞいて都市化されておらず、天津北部の中心都市の薊県でも街を少し離れるとのどかな風景が広がっている（古く燕の都がおかれた薊城は、薊県ではなく北京のこと。いずれもあたりに薊が群生することにちなむ）。薊県から南へ流れる薊運河は蛇行しながら渤海湾近くで海河に合流する。

▲左　唐代以来の伝統を伝える名刹の独楽寺。　▲右　旧城内の料理店、安くて美味い

薊県の歴史

漁陽郡治の所在地がおかれてきた歴史ある街として知られる薊県。周代（紀元前11〜前7世紀）、燕の国に属していたが、春秋時代の中期（紀元前7〜前6世紀）になると無終子国の都がおかれ、戦国時代の後期（紀元前311年〜前222年）には燕に従属する無終邑があった。始皇帝が中国全土を統一すると、中央から官吏が派遣されるようになり、秦代、漁陽郡の役所は密雲にあったが、隋代に薊県の地へ移された。8世紀ごろから薊州という地名が表れ、以後、この名前で呼ばれてきた。1913年に薊県になり、1949年の新中国成立後は河

CHINA
天津

▲左　朝、屋台で朝食をすませる人たち。　▲右　白塔寺近くには胡同が残っている

北省の管轄にもなっていたが、やがて天津市に組み込まれた（1938年、日本軍が駐屯していた）。

天津の長城

天津市の北辺を東西に続く燕山山脈。この燕山山脈は北京の八達嶺から天津北部を通り、山海関にいたり、それにあわせて万里の長城が走っている（北京から見て、万里の長城内を関内、外を関外と言う）。とくに明代、この薊県にモンゴルから北京を防衛するための九辺鎮のひとつがおかれ、薊県長城の名で知られる黄崖関長城が残っている。

【地図】薊県

【地図】薊県の [★★★]
- [ ] 独楽寺 独乐寺 ドゥウラァスー

【地図】薊県の [★★☆]
- [ ] 薊県旧城 蓟县旧城 ジィイシェンジィウチャン

【地図】薊県の [★☆☆]
- [ ] 鼓楼 鼓楼 グゥロウ

薊県

Jixian | 天津北部に息づく伝統

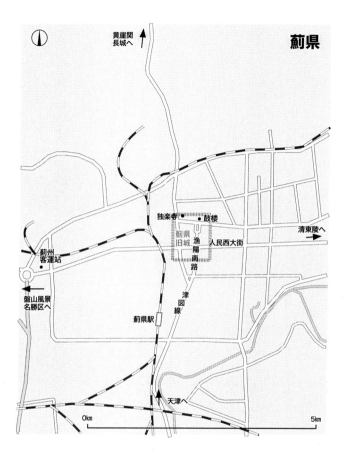

Guide, Ji Xian
薊県
城市案内

中国の伝統的な街並みを残す薊県
街の中心には鼓楼が立ち
古刹独楽寺や白塔寺がたたずむ

薊県旧城 蓟县旧城
jì xiàn jiù chéng ジィイシェンジィウチャン ［★★☆］

鼓楼を中心にした伝統的な中国の街並みが見られる薊県旧城。中国の伝統的な街では、ときを告げる鼓楼、学問の神様をまつる文廟、武の神様をまつる関帝廟が配置され、周囲を城壁で囲んで外部への防御としてきた。この薊県の古名を漁陽と言い、街の北西1.5kmのところに漁山があり、その南にあることから漁陽という名前がつけられた（陰陽思想で太陽の入る南側は陽とされた）。その後、薊県は薊州という名前で知られてきた。

▲左　牌楼が立つ、独楽寺近く。　▲右　太鼓をたたいて薊県に時間をつげていた鼓楼

鼓楼 鼓楼 gǔ lóu グゥロウ ［★☆☆］

薊県旧城の中心に立つ鼓楼。明代の 1371 年に建設され、その後、いくどとなく修復されて現在にいたる。かつて太鼓を打ってときを告げる役割を果たし、現在、鼓楼前は広場となっている。

【地図】薊県旧城

【地図】薊県旧城の [★★★]
- [ ] 独楽寺 独乐寺 ドゥウラァスー

【地図】薊県旧城の [★★☆]
- [ ] 薊県旧城 蓟县旧城 ジィイシェンジィウチャン

【地図】薊県旧城の [★☆☆]
- [ ] 鼓楼 鼓楼 グゥロウ
- [ ] 漁陽古街 渔阳古街 ユゥヤングゥジエ
- [ ] 白塔寺 白塔寺 バイタァスー

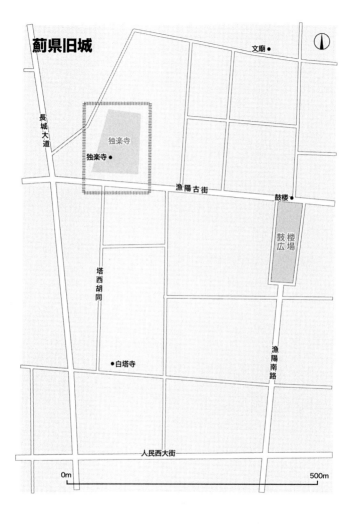

【MEMO】

明代の薊州
14〜17世紀

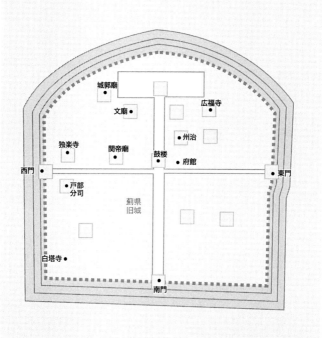

Jixian 薊県城市案内

35

▲左　多くの人々でにぎわう漁陽古街。　▲右　明清時代を思わせる建物が続く

漁陽古街 渔阳古街
yú yáng gǔ jiē ユゥヤングゥジエ [★☆☆]

鼓楼から旧城西の独楽寺へ伸びる魚陽古街（武定街とも言う）。明清時代の街並みの面影を残す薊県でも随一のにぎわいを見せる通りで、料理店や各種店舗がならぶ（かつて清朝乾隆帝の寵愛を受けた和珅が、通州やこの薊県で質屋や両替商を営み、蓄財したことでも知られる）。

【MEMO】

【地図】独楽寺

【地図】独楽寺の [★★★]
- [ ] 独楽寺 独乐寺 ドゥウラァスー

【地図】独楽寺の [★★☆]
- [ ] 観音閣 观音阁 ガンインガァ

【地図】独楽寺の [★☆☆]
- [ ] 漁陽古街 渔阳古街 ユゥヤングゥジエ

独楽寺

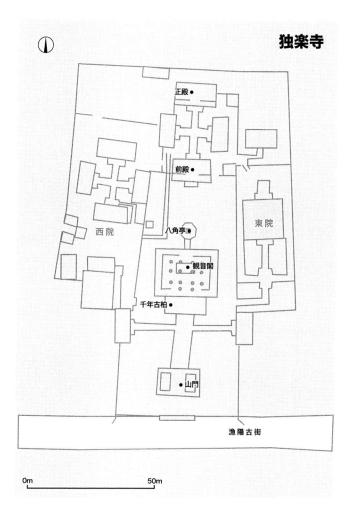

薊県城市案内

▲左　四方を山に囲まれた薊県に残る独楽寺

独楽寺 独乐寺 dú lè sì ドゥウラァスー ［★★★］

独楽寺は薊県旧城の西門付近に位置する中国有数の古刹で、大仏寺の名前でも知られる。唐代に創建された歴史をもち、高さ10.8mの山門と高さ22.5mの観音閣は、遼聖宗の984年に再建された木造建築となっている（山門から観音閣へと軸線上に建物が配置される伽藍は、中国建築に共通する要素）。独楽寺という名称は寺の北西部に独楽水がわいているからという説、唐代、安史の乱にあたって、ここで挙兵した安禄山が「独楽（民との同楽ではなく、己ひとりの楽しみ）」を考えたことにちなむという説が伝えられる。

▲左　巨大な観世音菩薩が立つ。　▲右　中国屈指の歴史をもつ独楽寺の山門

観音閣 观音阁 guān yīn gé ガンインガァ ［★★☆］

独楽寺の観音閣は現存する中国最古級の木造建築で、高さ22.5m、東西26.7m、南北20.6mの規模をもつ。唐代の636年に創建されたのち、遼代の984年に改築された歴史があり、中国建築の伝統が唐（618～907年）から燕雲十六州を支配した遼（916～1125年）に受け継がれたことを意味するのだという（開封に都をおいた宋が儒教を中心に国づくりを進めたのに対して、北方の遼は仏教を信仰した）。二層の外観に対して、内部は三層の吹き抜けになっていて、高さ16mの観世音菩薩（十一面観音像）が立つ。唐代木造建築の要素

CHINA
天津

を今に伝え、柱上部にほどこされた24種類もの斗栱、また明代に描かれた十六羅漢と世俗を描いた壁画も価値が高い。

中国の木造建築

中国建築の主流は木造建築にあり、北方の土壁の伝統と南方の柱梁の伝統があわさってできあがったという（紀元前3世紀、始皇帝によって建てられた阿房宮の伝説が残っていることからも、戦国時代には木造建築の要素が成立したと考えられる）。中国の木造建築は柱と梁、斗栱を組み合わせて部材の柄と柄穴を結合させながら建物を組みあげていき、奈良の

▲左　廃仏を繰り返してきた中国にあって貴重な仏像。　▲右　唐代末期の木造建築を伝える観音閣

法隆寺はじめ日本建築にも影響をあたえた。王朝が興亡を繰り返し、戦乱の絶えなかった中国では古建築があまり残っておらず、独楽寺は五台山の南禅寺大殿、仏光寺大殿、河北省正定県の興隆寺摩尼殿とならんで唐代の伽藍を伝える寺院となっている。

Jixian

薊県城市案内

白塔寺 白塔寺 bái tǎ sì バイタァスー ［★☆☆］

独楽寺の南100mに位置する白塔寺。遼代に建立され、観音寺の後方に白塔が立つことからこの名前で呼ばれるようになった（そのため観音寺白塔とも言う）。白塔は八角形の基壇のうえにが本体が載る様式で、高さは30.6 mになる。明清代にたびたび改修されて現在にいたる。

▲左　白塔寺界隈の胡同。　▲右　高さ30.6 mの白塔寺

新石器時代の足跡

古く天津の地は海の底にあり、河川が運ぶ土砂の堆積で大地ができあがっていった。このようななかで燕山山脈の南麓にあたる薊県は天津でもっとも早くから人々の営みがはじまった場所で、新石器時代の遺構も発掘されている。

【地図】薊県郊外

【地図】薊県郊外の [★★★]
- [ ] 清東陵 清东陵 チンドンリン

【地図】薊県郊外の [★★☆]
- [ ] 薊県旧城 蓟县旧城 ジィイシェンジィウチャン
- [ ] 黄崖関長城 黄崖关长城 ファンヤァガンチャァンチャン

【地図】薊県郊外の [★☆☆]
- [ ] 盤山風景名勝区 盘山风景名胜区 パンシャンフェンジンミンシェンチュウ

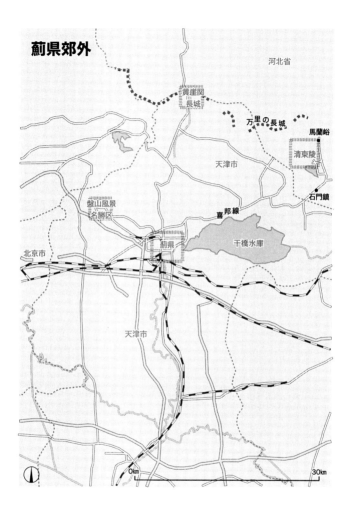

Guide, Ji Xian Jiao Qu
薊県郊外城市案内

燕山山脈のなか、東西に走る黄崖関長城
風光明媚な盤山風景名勝区
薊県郊外に点在する景勝地

黄崖関長城 黄崖关长城 huáng yá guān cháng chéng
ファンヤァガンチャァンチャン [★★☆]

薊県から北に30km離れ、燕山山脈のなかを走る全長41kmの黄崖関長城（薊県長城）。西からの夕陽に照らされた姿が黄金に輝くところからこの名前がつけられた。黄崖関城の創建は北斉の556年とも隋代とも言われ、現存する長城は、明代、戚継光によって建設された（薊県には北方のモンゴル族に対する軍営地がおかれていた）。このあたりの平均標高は738m、最高地点は964mで、峻険な峰の地形にあわせるように築城され、急なところでは60度の角度になるという。

▲左　天津の万里の長城、黄崖関長城。　▲右　主要街道が走るこの地は明代、軍事拠点がおかれていた

黄崖関城 黄崖关城
huáng yá guān chéng ファンヤァガンチャン［★☆☆］

東西に伸びる万里の長城のなかでも、南北に主要な街道が走る地点には関城がもうけられ、兵が駐屯した。黄崖関城は薊県と河北省の興隆を結ぶ要衝で、南北270m、東西200m、890mになる城壁が周囲にめぐらされている。

北京を守る九辺鎮

1368年、明はモンゴル族の元を北方に追いやって南京で建国されたが、モンゴル族は以前、モンゴル高原を中心に力を

【地図】黄崖関長城

【地図】黄崖関長城の ［★★☆］
- 黄崖関長城 黄崖关长城 ファンヤァガンチャァンチャン

【地図】黄崖関長城の ［★☆☆］
- 黄崖関城 黄崖关城 ファンヤァガンチャン

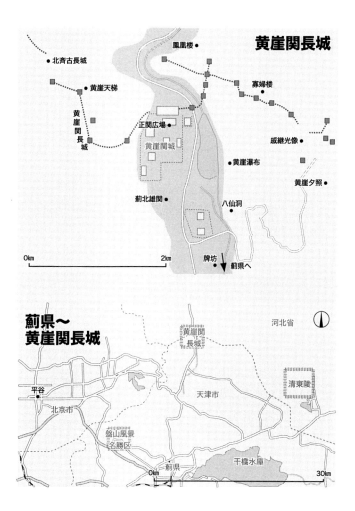

CHINA
天津

もち続けた(北元)。明第3代永楽帝は、対モンゴルの最前線にあたる北京に遷都し、以来、明代はそれまでにない規模で万里の長城が築かれるようになった。とくに長城線とモンゴルが浸入する街道が交わる場所には、九辺鎮と呼ばれる軍営地をおいて守りを固め、薊県(薊州)は大同や宣府とともに、その一角をしめた。「薊州・宣府・大同の三鎮は、極めて虜境に臨み、京師を藩屏す。国家の安危は、実に此れに繋がる」と言われるほどだった。

▲左　強固な防備で固められている。　▲右　中国北方を龍のように走る万里の長城

盤山風景名勝区 盘山风景名胜区
pán shān fēng jǐng míng shèng qū
パンシャンフェンジンミンシェンチュウ ［★☆☆］

薊県の県城から北西12kmに位置する盤山風景名勝区。燕山山脈の支脈にあたり、五峰、八石といった名勝が続くこの地は「京東第一山（都の東で一番の山）」とたたえられていた。3世紀の三国時代、魏の田疇が隠棲したと伝えられるほか、唐代の創建という万松寺、岩に仏像が彫り込まれた千像寺などが残り、清朝皇帝もここに行宮をおくことがあった。平均標高は500mで、もっとも高いところで1000m近くになる。

【地図】盤山風景名勝区の [★☆☆]

☐ 盤山風景名勝区 盘山风景名胜区

パンシャンフェンジンミンシェンチュウ

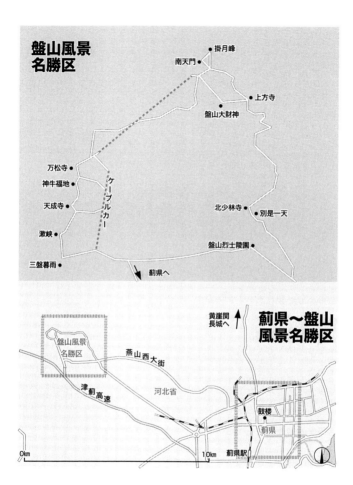

皇帝が眠る金色の大地

天津薊県から東に30km
河北省遵化県から南西に30km
最高の風水の地に皇帝墓陵がたたずむ

清東陵とは

北京から125km離れた河北省昌瑞山の南麓に展開する清東陵。清朝第3代順治帝、第4代康熙帝、第6代乾隆帝、第9代咸豊帝、第10代同治帝の5人の皇帝、また西太后をはじめとする14人の皇后、136人の后の陵墓が残る。清朝は第3代順治帝の時代から北京にあったが、順治帝が陵の場所を定め、第4代康熙帝が1663年、父順治帝の墓陵を造営したことで清東陵の歴史ははじまった。以来、240年に渡って陵の建設が続けられ、南北125km、東西20kmの陵区をもつ。現在でも黄色の瑠璃瓦でふかれた美しい姿を見せ、明清王朝の皇

天津

帝陵墓群のひとつとして世界遺産に登録されている(また北京西方の清西陵に4人の皇帝が埋葬されている)。

清朝の墓陵

清朝(1616〜1912年)は東北地方の満州族を出自とし、1616年、初代ヌルハチがハンにつき、明軍を破って瀋陽に都をおいた。続く第2代ホンタイジの時代に中国風に清という王朝名が使われ、1644年、第3代順治帝の時代に万里の長城を越えて北京に入った。この入関以後の皇帝の墓が清東陵と清西陵に残り、新中国建国後亡くなったラスト・エンペ

▲左　黄色の瑠璃瓦が映える、皇帝たちがここに眠る。　▲右　美しい自然に溶けこむように陵墓が展開する

ラー溥儀の墓は皇帝陵区にはない（東陵と西陵にわかれているのは、第４代康熙帝に続く第５代雍正帝が父と不仲だったため、新たに清西陵を築いたからだと言われる）。また北京入城以前に清の都だった遼寧省瀋陽の郊外に初代ヌルハチの福陵と第２代ホンタイジの昭陵があり、ヌルハチが最初に都をおいた新賓満州族自治県赫図阿拉近くにヌルハチの祖先をまつる永陵が残っている。この３つを関外三陵（山海関の外の３つの陵）と呼び、清朝にまつわる皇族陵墓は大きく関内の東西陵と関外三陵にわけられる。

天津

最高の風水の地に

清東陵の位置する河北省遵化県は、清朝の都北京から薊県を通り、清の離宮があった承徳、清朝の古都である瀋陽にいたる街道のそばに位置する。清朝第3代順治帝が狩りに来たとき、昌瑞山（燕山山脈の支脈）の麓にあたるこの地の美しさに感銘を受け、ここに陵区をおくことに決めた。この東陵の地は「万年龍虎抱き、毎夜鬼神朝す」という最高の風水の場所とされ、現在でも風光明媚な風景が広がっている。

Guide, Qing Dong Ling
清東陵鑑賞案内

CHINA 天津

青い空、緑の大地に一際映える黄色の瑠璃瓦
北京から離れたこの地で
絶大な権力をふるった皇帝たちが眠っている

清東陵 清东陵 qīng dōng líng チンドンリン ［★★★］

清東陵は石牌坊、大紅門から第3代順治帝の眠る孝陵へと軸線が走り、その軸線を中心に放射状に各皇帝陵が配置される様式となっている。中国皇帝陵では、古くから皇帝が眠る陵と、そのそばに位牌を安置して祭祀を行なう寝がおかれてきた（陵寝制度）。それぞれの皇帝陵墓には、入口にあたる陵恩門、位牌を安置する陵恩殿、廟号と陵名が記された碑の立つ明楼、円形の宝頂へと北に続き、宝頂のしたに皇帝の眠る地下宮殿が残っている。こうした陵墓のプランは明代に確立され、清東陵では明十三陵の様式が踏襲されることになった。

▲左　神道を彩る神獣などの石像、北京の十三陵と同じ様式。　▲右　清東陵への門の役割を果たす石牌坊と、奥に大紅門が見える

石牌坊 石牌坊 shí pái fāng シィパイファン ［★☆☆］

清東陵への門の役割を果たす石牌坊。五間からなる石牌坊から大紅門、欞星門、孝陵へと軸線が伸び、その両脇に皇帝陵が配置されている。

大紅門 大红门 dà hóng mén ダァホンメン ［★☆☆］

清東陵の陵区の正門（入口）にあたった大紅門。幅12mで皇帝を意味する黄色の瑠璃瓦が載っている。ここから先は皇帝が眠る神聖な空間となっていた。

【地図】清東陵

【地図】清東陵の [★★★]
- [ ] 清東陵 清东陵 チンドンリン

【地図】清東陵の [★★☆]
- [ ] 孝陵 孝陵 シャオリン
- [ ] 裕陵 裕陵 ユゥウリン
- [ ] 定東陵 定东陵 ディンドンリン

【地図】清東陵の [★☆☆]
- [ ] 石牌坊 石牌坊 シィパイファン
- [ ] 大紅門 大红门 ダァホンメン
- [ ] 神道 神道 シェンダオ
- [ ] 景陵 景陵 ジンリン
- [ ] 裕陵妃園寝 裕陵妃园寝 ユゥリンフェイユァンチン
- [ ] 定陵 定陵 ディンリン
- [ ] 恵陵 惠陵 フイリン
- [ ] 昭西陵 昭西陵 チャオシィリン

天津

神道 神道 shén dào シェンダオ [★☆☆]

大紅門から順治帝の眠る孝陵へまっすぐ伸びる幅12mの神道。祭殿に通じるこの道には石が敷かれ、両脇に獅子、獬豸、駱駝、象、麒麟、馬、武官、文官、勲臣といった石像がおかれている。5km続くこの神道の途中、欞星門やアーチが3つある三孔橋が位置する。

▲左　屋根に配置された守護獣。　▲右　清東陵全体の中心にあたる孝陵

孝陵 孝陵 xiào líng シャオリン ［★★☆］

清朝第3代順治帝（在位1643〜61）が眠る孝陵は、陵墓全体の中心に位置する。この順治帝は、1644年、はじめて北京へ入城した皇帝（入関後第1代皇帝）として知られ、1661年、紫禁城の養心殿でなくなった。順治帝の死後、第4代康熙帝によって陵の造営がはじまり、1663年に順治帝の棺がこの孝陵におさめられた。黄色の瑠璃瓦は皇帝のみ使用が許されたもので、故宮や明十三陵と共通する。また東側の孝東陵には順治帝の后たちが眠っている。

天津

景陵 景陵 jǐng líng ジンリン ［★☆☆］

孝陵の南東1kmに残る景陵は、清朝第4代康熙帝（在位1661〜1722）の墓で、1676年に造営された。康熙帝は清朝屈指の名君として知られ、自ら粗末な服を着るなど質素な暮らしで政務にあたり、清朝の黄金時代を築いた。康熙帝と4人の皇后が眠っている。

▲左 深さ54mに達する地下宮殿、美しい彫刻が見られる。　▲右　裕陵の明楼、この奥に地下宮殿が残る

裕陵 裕陵 yù líng ユゥウリン ［★★☆］

孝陵の南西、康熙帝が眠る景陵と線対称に位置する裕陵。清朝の最盛期に君臨した第6代乾隆帝（在位1735～95）が眠る陵墓で、1743年に造営された。陵恩門から陵恩殿、後方の地下宮殿まで、完成に10数年の年月を要したという。盗掘にあったことから埋葬品はほとんど残っていないが、建物そのものは美しい姿を見せている。

CHINA
天津

地下宮殿 地下宫殿
dì xià gōng diàn ディイシャアゴンディエン [★☆☆]

明清時代の皇帝の墓では、盗掘を避けるためなどの理由から地下宮殿が造営され、豪華絢爛な装飾がほどこされていた（玄宮、幽宮とも言われる）。裕陵の地下宮殿は深さ54m、面積327平方メートルになり、天井は石づくりのアーチ式構造、「主」字型の平面プランをもつ。内部には5万以上と言われる石刻が残るほか、647文字のサンスクリット文字、29464文字のチベット文字の経文が刻まれている。

▲左 青裕陵の地下宮殿、美しい装飾がほどこされている。 ▲右 緑色の屋根瓦でふかれた裕陵妃園寝

裕陵妃園寝 裕陵妃园寝
yù líng fēi yuán qǐn ユゥリンフェイユァンチン ［★☆☆］

乾隆帝の皇后はじめ妃たちが眠る裕陵妃園寝（裕陵の500m西にあり、円形のストゥーパ状の墓がならぶ）。裕陵が皇帝を意味する黄色の瑠璃瓦でふかれているのに対して、この裕陵妃園寝の屋根瓦は緑色でふかれている。

定陵 定陵 dìng líng ディンリン ［★☆☆］

裕陵の西1.5km、清東陵のもっとも西側に位置する定陵。清第9代咸豊帝（在位1850～61年）が眠る墓陵で、1859年に

建てられた。この陵の東側に妻の東太后と西太后の墓が残る。

定東陵 定东陵 dìng dōng líng ディンドンリン ［★★☆］
定東陵は清東陵のなかでももっと華やかな墓建築で、清朝末期に絶大な力をもって宮廷に君臨した西太后（1835〜1908年）が眠る。第9代咸豊帝の妃だった西太后は、東太后とともに幼帝だった第10代同治帝に代わって政治をとり（垂簾聴政）、続く第11代光緒帝の時代も清朝の実権を握り続けた。この定東陵は東太后のものとともに1873年に着工し、1881年に完成した。しかし、その10数年後、還暦を迎えた西太

▲左　定東陵の内部にほどこされた龍の装飾。　▲右　西太后が眠る定東陵、皇帝同様の扱いとなっている

后は、陵恩殿と左右拝殿を破壊して再建し、より豪華な装飾で陵を飾り立てた。西太后の力を示すように、定東陵に残る図案には「皇帝を意味する龍が下」に「皇后（西太后）を意味する鳳凰が上」に描かれている。

恵陵 惠陵 huì líng フイリン［★☆☆］

清東陵の東側に残る恵陵。1877年に完成し、第10代同治帝（在位1861〜75年）が眠っている。同治帝の時代は、康熙帝や乾隆帝の時代にくらべて清朝の力は衰えるようになっていた。

天津

昭西陵 昭西陵 zhāo xī líng チャオシィリン ［★☆☆］

清東陵の陵区外側の昭西陵には、清朝第2代ホンタイジ（太宗）の孝庄文皇后が眠っている。孝庄文皇后は24歳でなくなった自らの子で第3代順治帝、幼帝として即位した第4代康熙帝を補佐した皇后として知られる。本来、皇后や妃は皇帝のそばに葬られるしきたりになっているが（孝庄文皇后の場合、ホンタイジの眠る瀋陽の昭陵）、孝庄文皇后は康熙帝に「子孫のそばから離れたくない」と遺言を残したため、瀋陽の昭陵に合葬されることなく、清東陵の陵区外におさめられることになった。

清東陵と中国皇帝陵の世界

CHINA
天津

秦の始皇帝や漢の武帝
絶大な権力をほこった皇帝たちが
死後も威光を誇示した皇帝陵

皇帝陵の変遷

中国の皇帝は、その権勢を後世に伝えるため巨大な陵墓を造営し、70万人もの労力を費やしたという始皇帝陵、53年に渡って造営が続いた漢武帝の茂陵などが知られる。紀元前の戦国時代から土を盛る墳丘墓が広まったとされ、日本や朝鮮など東アジアの陵墓に影響をあたえている（陵墓の近くに廟を建て、儀式を行なう陵寝制度が整えられた）。漢代になると、皇帝陵の盗掘をふせぐために山に横穴を掘ってそこに墓をおいたり、魏晋南北朝時代には荒らされないように皇帝の墓を隠すなど、時代によって皇帝陵の形態は変遷した。13～14

▲左　北京を中心に対応するように位置する清東陵と清西陵。　▲右　宝頂と呼ばれる墳丘の下に地下宮殿が広がる

世紀に中国を支配したモンゴル族の元では、墓を隠して墳丘をつくらないモンゴル族の風習がとり入れられたが、元に続く明代に現在も見られる清東陵や明十三陵の形式が確立した。

明清代の陵墓形態

世界遺産に指定されている明清王朝の皇帝陵墓群の形態は、明の初代洪武帝の陵墓を源流とする。1368年、洪武帝はモンゴル族の元を北方に追いやって明を樹立したが、北方の騎馬民族の要素が強かった元代の制度から、儒教を柱とした中

華の秩序の再建が目指された。陵恩門から陵恩殿、明楼、宝頂へ続く軸線上に建物を配し、それまでの方形から長方形の陵墓形態が整備された(また宝頂を江南の伝統にしたがって、方形から円形に改めた)。こうした洪武帝によって確立された陵墓の形態は、南京の明孝陵、北京の明十三陵、瀋陽の福陵と昭陵、河北省遵化の清東陵、易県の清西陵に受けつがれている。

盗掘にあった清東陵

1911年に起こった辛亥革命で清朝が滅亡すると、中国は軍

▲左　陵墓は精緻な彫刻で彩られている。　▲右　陵恩殿では祖先をまつる祭祀が行なわれた

閥が割拠する混乱の時代を迎えた。こうしたなかで1928年、軍閥孫殿英の舞台が清東陵の地下宮殿に爆薬を仕掛けて宝物を略奪するという事件があった。天津の日本租界で亡命生活を送っていたラスト・エンペラー愛新覚羅溥儀は大変に哀しみ、蒋介石や閻錫山に孫殿英を厳罰に処すよう要求したが、孫殿英が賄賂などを送ったためにうやむやになってしまった。当時、清東陵の警備を行なう兵士たちも、生活がままならず、宝物を自ら盗掘するという事態が起こっていた。清東陵から薊県にいたる道路には、財宝を乗せた車が次々に走っている状況だったという。

参考文献

『薊県志』(薊县志编修委员会 / 天津社会科学院出版社)

『中国世界遺産の旅1』(石橋崇雄 / 講談社)

『中国名勝旧跡事典』(中国国家文物事業管理局 / ぺりかん社)

『支那文化史蹟』(常盤大定・関野貞 / 法蔵館)

『明代長城の群像』(川越泰博 / 汲古書院)

『中国皇帝陵の起源と変遷』(楊寛 / 学生社)

『世界大百科事典』(平凡社)

[PDF] 天津地下鉄路線図 http://machigotopub.com/pdf/tianjinmetro.pdf

[PDF] 天津空港案内 http://machigotopub.com/pdf/tianjinairport.pdf

[PDF] 薊県 STAY (ホテル&レストラン情報) http://machigotopub.com/pdf/jixianstay.pdf

まちごとパブリッシングの旅行ガイド
Machigoto INDIA , Machigoto ASIA , Machigoto CHINA

【北インド - まちごとインド】

001 はじめての北インド
002 はじめてのデリー
003 オールド・デリー
004 ニュー・デリー
005 南デリー
012 アーグラ
013 ファテープル・シークリー
014 バラナシ
015 サールナート
022 カージュラホ
032 アムリトサル

【西インド - まちごとインド】

001 はじめてのラジャスタン
002 ジャイプル
003 ジョードプル
004 ジャイサルメール
005 ウダイプル
006 アジメール（プシュカル）
007 ビカネール
008 シェカワティ
011 はじめてのマハラシュトラ
012 ムンバイ
013 プネー
014 アウランガバード
015 エローラ
016 アジャンタ
021 はじめてのグジャラート
022 アーメダバード
023 ヴァドダラー（チャンパネール）
024 ブジ（カッチ地方）

【東インド - まちごとインド】

002 コルカタ
012 ブッダガヤ

【南インド - まちごとインド】

001 はじめてのタミルナードゥ
002 チェンナイ
003 カーンチプラム
004 マハーバリプラム
005 タンジャヴール
006 クンバコナムとカーヴェリー・デルタ
007 ティルチラパッリ
008 マドゥライ
009 ラーメシュワラム
010 カニャークマリ
021 はじめてのケララ
022 ティルヴァナンタプラム
023 バックウォーター（コッラム〜アラップーザ）
024 コーチ（コーチン）
025 トリシュール

【ネパール - まちごとアジア】

001 はじめてのカトマンズ
002 カトマンズ
003 スワヤンブナート

004 パタン
005 バクタプル
006 ポカラ
007 ルンビニ
008 チトワン国立公園

【バングラデシュ - まちごとアジア】

001 はじめてのバングラデシュ
002 ダッカ
003 バゲルハット（クルナ）
004 シュンドルボン
005 プティア
006 モハスタン（ボグラ）
007 パハルプール

【パキスタン - まちごとアジア】

002 フンザ
003 ギルギット（KKH）
004 ラホール
005 ハラッパ
006 ムルタン

【イラン - まちごとアジア】

001 はじめてのイラン
002 テヘラン
003 イスファハン
004 シーラーズ
005 ペルセポリス
006 パサルガダエ（ナグシェ・ロスタム）
007 ヤズド
008 チョガ・ザンビル（アフヴァーズ）
009 タブリーズ

010 アルダビール

【北京 - まちごとチャイナ】

001 はじめての北京
002 故宮（天安門広場）
003 胡同と旧皇城
004 天壇と旧崇文区
005 瑠璃廠と旧宣武区
006 王府井と市街東部
007 北京動物園と市街西部
008 頤和園と西山
009 盧溝橋と周口店
010 万里の長城と明十三陵

【天津 - まちごとチャイナ】

001 はじめての天津
002 天津市街
003 浜海新区と市街南部
004 薊県と清東陵

【上海 - まちごとチャイナ】

001 はじめての上海
002 浦東新区
003 外灘と南京東路
004 淮海路と市街西部
005 虹口と市街北部
006 上海郊外（龍華・七宝・松江・嘉定）
007 水郷地帯（朱家角・周荘・同里・甪直）

【河北省 - まちごとチャイナ】

001 はじめての河北省
002 石家荘
003 秦皇島
004 承徳
005 張家口
006 保定
007 邯鄲

【江蘇省 - まちごとチャイナ】

001 はじめての江蘇省
002 はじめての蘇州
003 蘇州旧城
004 蘇州郊外と開発区
005 無錫
006 揚州
007 鎮江
008 はじめての南京
009 南京旧城
010 南京紫金山と下関
011 雨花台と南京郊外・開発区
012 徐州

【浙江省 - まちごとチャイナ】

001 はじめての浙江省
002 はじめての杭州
003 西湖と山林杭州
004 杭州旧城と開発区
005 紹興
006 はじめての寧波
007 寧波旧城
008 寧波郊外と開発区
009 普陀山
010 天台山
011 温州

【福建省 - まちごとチャイナ】

001 はじめての福建省
002 はじめての福州
003 福州旧城
004 福州郊外と開発区
005 武夷山
006 泉州
007 厦門
008 客家土楼

【広東省 - まちごとチャイナ】

001 はじめての広東省
002 はじめての広州
003 広州古城
004 天河と広州郊外
005 深圳(深セン)
006 東莞
007 開平(江門)
008 韶関
009 はじめての潮汕
010 潮州
011 汕頭

【遼寧省 - まちごとチャイナ】

001 はじめての遼寧省
002 はじめての大連
003 大連市街
004 旅順
005 金州新区

006 はじめての瀋陽
007 瀋陽故宮と旧市街
008 瀋陽駅と市街地
009 北陵と瀋陽郊外
010 撫順

【重慶 - まちごとチャイナ】

001 はじめての重慶
002 重慶市街
003 三峡下り（重慶〜宜昌）
004 大足

【香港 - まちごとチャイナ】

001 はじめての香港
002 中環と香港島北岸
003 上環と香港島南岸
004 尖沙咀と九龍市街
005 九龍城と九龍郊外
006 新界
007 ランタオ島と島嶼部

【マカオ - まちごとチャイナ】

001 はじめてのマカオ
002 セナド広場とマカオ中心部
003 媽閣廟とマカオ半島南部
004 東望洋山とマカオ半島北部
005 新口岸とタイパ・コロアン

【Juo-Mujin（電子書籍のみ）】

Juo-Mujin 香港縦横無尽
Juo-Mujin 北京縦横無尽
Juo-Mujin 上海縦横無尽

【自力旅游中国 Tabisuru CHINA】

001 バスに揺られて「自力で長城」
002 バスに揺られて「自力で石家荘」
003 バスに揺られて「自力で承徳」
004 船に揺られて「自力で普陀山」
005 バスに揺られて「自力で天台山」
006 バスに揺られて「自力で秦皇島」
007 バスに揺られて「自力で張家口」
008 バスに揺られて「自力で邯鄲」
009 バスに揺られて「自力で保定」
010 バスに揺られて「自力で清東陵」
011 バスに揺られて「自力で潮州」
012 バスに揺られて「自力で汕頭」
013 バスに揺られて「自力で温州」

【車輪はつばさ】
南インドのアイラヴァテシュワラ寺院には建築本体に車輪がついていて寺院に乗った神さまが人びとの想いを運ぶと言います。

・本書はオンデマンド印刷で作成されています。
・本書の内容に関するご意見、お問い合わせは、発行元の
　まちごとパブリッシング info@machigotopub.com までお願いします。

まちごとチャイナ
天津004薊県と清東陵
～燕山山脈の麓に残る「古城」［モノクロノートブック版］

2017年11月14日　発行

著　者	「アジア城市（まち）案内」制作委員会
発行者	赤松　耕次
発行所	まちごとパブリッシング株式会社
	〒181-0013　東京都三鷹市下連雀4-4-36
	URL http://www.machigotopub.com/
発売元	株式会社デジタルパブリッシングサービス
	〒162-0812　東京都新宿区西五軒町11-13
	清水ビル3F
印刷・製本	株式会社デジタルパブリッシングサービス
	URL http://www.d-pub.co.jp/

MP100

ISBN978-4-86143-234-7 C0326　　　Printed in Japan
本書の無断複製複写（コピー）は、著作権法上での例外を除き、禁じられています。